JN105029

懐かしい「昭和の時代」にタイムトリップ！

昭和40年代
北海道の鉄路

【中巻】宗谷本線・名寄本線・留萌本線と沿線

写真：高木堯男　解説：牧野和人

◎宗谷本線　名寄　1971（昭和46）年1月2日

.....Contents

◎旭川機関区　1971（昭和46）年1月1日

宗谷本線、名寄本線の時刻表（昭和43年10月改正）

43.10.1 改正　旭　川 ── 名　寄 ── 音威子府 ── 稚　内（宗谷本線・下り）

本表の他　旭川─新旭川間 306頁，南稚内─稚内間 306頁参照

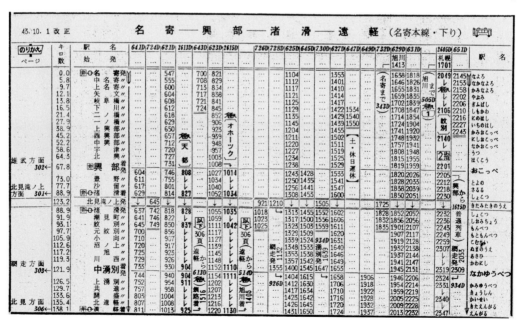

43.10.1 改正　名　寄 ── 興　部 ── 渚　滑 ── 遠　軽（名寄本線・下り）

4

第1章

宗谷本線

◎宗谷本線　旭川駅　1971(昭和46)年1月1日

北海道第二の都市である旭川市の玄関口、旭川駅。1898（明治31）年7月に開業し、函館本線、宗谷本線、富良野線が接続する、北海道を代表する鉄道駅のひとつである。1960（昭和35）年6月に、地上2階・地下1階建ての三代目駅舎（民衆駅）が誕生した。
◎1980年代　撮影：山田虎雄

北海道の中央部に位置する旭川市。人口30万を超える年の中心部に位置する旭川駅だが盆地の中にある立地故、冬季になると構内の冷え込みは極めて厳しい。夕刻に宗谷路から帰還したC55は煙突から黒煙を吐き、凍て付く夕闇に耐えているかのようだった。
◎宗谷本線　旭川　1971（昭和46）年1月2日

二軸貨車が連なって留め置かれている操車場を横目に9600形が貨物
列車を牽引して宗谷本線へ向かう。シリンダーの下部から吐き出され
る水蒸気が線路端を被い、周囲はほのかに温もりを帯びた。しかし、列
車がゆっくりと通り過ぎる間もなく厳しい寒さが再び沿線を支配した。
◎宗谷本線　旭川　1971（昭和46）年1月1日

客車と荷物車が2両ずつ連結された編成は晩年における北辺へ向かう普通列車らしい姿だ。先頭にはC57 87号機が立つ。同機は宗谷本線の蒸気機関車が終焉を迎える頃になって、C55の代替として福知山機関区より苗穂機関区での一休期間を経て旭川にやって来た。
◎宗谷本線　旭川1974(昭和49)年9月17日　撮影：荻原二郎

線路の先に工場の煙突が見えると、町中へ入って機関車は胸を撫で下ろすのだろうか。峠から続く下り勾配をC55は絶気で駆け下りて来た。それでも沿線の気候は厳しい。積雪は線路を隠す程度だが周囲の草木に着いた雪は凍り付いていた。
◎宗谷本線　塩狩〜和寒　1971（昭和46）年1月1日

蒸気機関車の活躍が終焉間近になると、訓練運転等によりディー
ゼル機関車が補機として蒸気機関車の前に付いた。思いがけず
現れた赤い機関車が写真に写り込まぬように次位のC55形を切
り取った。盛大にたなびく煙がせめてもの救いだった。
◎宗谷本線　和寒～塩狩　1971（昭和46）年1月2日

名寄は宗谷本線南部の拠点。当駅より名寄本線、深名線が分岐していた。構内には機関区と貨物駅。広大な操車場を備えていた。画面奥に背の高い給水塔が二棟見える。C55が規則正しいリズムを刻む排煙を残して稚内方へ発車して行った。
◎宗谷本線　名寄　1971(昭和46)年1月1日

主要駅や峠の前後にある駅の多くには、蒸気機関車へ給水作業を行うためのスポートがホームの外れに設置されていた。降りしきる雪の中で発車時刻を待つのはC55。発車時に列車を引き出す際には大きな力を要するために、運転台では蒸気圧を上げるべく投炭作業が繰り返されていた。
◎宗谷本線　名寄　1964（昭和39）年1月3日

停車時間を利用して機関車の点検を行う。塩狩峠を越えてから
は名寄の街中へ入るまで平坦区間が続いたとはいえ、線路に降
り積もった雪が列車に巻き上げられてC55自慢のスポーク動輪
はその輪郭が真っ白に縁取られていた。常に動いている連結棒
にも雪が積もり、仕業の過酷さを無言のうちに物語っていた。
◎宗谷本線　名寄　1964(昭和39)年1月3日

強く降り始めた雪をものともせず、9600形が次の仕業に向けて機関
区を出て行った。傍らにある給炭台の屋根は綿帽子を被って久しい。
炭水車に積み込んだ石炭にも容赦なく雪が吹き込んでいることだろ
う。罐の調子は良いのだろうか。真っ黒な煙に一抹の不安が過ぎった。
◎宗谷本線　名寄　1971（昭和46）年1月2日

13時前に名寄へ到着した
322列車は小休止の後に
旭川へ向かって発車した。
高々と立ち上る煙は列車
の速度が遅いことを示して
いる。機関車の後に続く客
車は5両程だが寒気の中
で蒸気圧が上がらず、思い
のほか罐に負荷が掛かっ
ていたのだろうか。
◎宗谷本線　名寄　1974
(昭和49)年1月3日

屋根に取り付けられた時計が印象的な宗谷本線の主要駅のひとつ、名寄駅の駅舎である。かつては名寄機関区・保線区などがあり、蒸気機関車の基地としても知られていた。道北の商業・産業の中心都市、人口約2万7千人の名寄市の玄関口の役割も果たしてきた。
◎1974（昭和49）年9月17日　撮影：安田就視

天塩川沿いの山峡を行く旅客列車。牽引機はC57形だ。長年に亘ってC55形が旅客列車の牽引に当たってきた宗谷本線だったが、蒸気機関車現役時代の末期には廃車で同形式の機関車が不足した。他区より同系車両のC57を迎えて無煙化までの期間を凌いだ。
◎宗谷本線　智東〜日進　1974（昭和49）年1月3日

除雪された雪で二本の線路が仕切られたホームへ旅客列車が入って来た。冬の宗谷本線を行く列車は原生林の間に点在する人気のない寒村から僅かな旅人を根気よく乗せて行く気長な仕業だ。智東のホームに人影はなく、機関車は諦め気味に蒸気を吐き出しているかの様だった。
◎宗谷本線　智東　1974（昭和49）年1月3日

稚内行きの321列車。機関車の停止位置が直下にある
跨線橋には煙除けの板が設置されている。
◎宗谷本線　美深　1974（昭和49）年1月3日

煤煙と水蒸気が入り混じった灰色の煙を上げて音威子府駅を発車するC55形。蒸気機関車牽引時代末期の321列車は音威子府駅で48分停車した。その間に当駅より天北線に入る下り急行「天北」に抜かされた。「天北」の到着は321列車到着の16分後で乗換えには余裕があった。
◎宗谷本線　音威子府　1974（昭和49）年1月3日

駅に到着すると機関車は客車から切り離されて前方にある給水施設付近まで進んだ。スポートから炭水車へ水が送り込まれる間に炭庫へ上った乗務員が石炭を前方に掻き寄せていた。蒸気機関車の運転は多大な気力、体力を要する激務である。列車の停車中も平常通りの運行を確保するために近代車両とは異なる重労働が続く。
◎宗谷本線　音威子府　1974（昭和49）年1月3日

天北線が分岐する音威子府駅に入線する321列車。高い雪壁の向こう側から構内の様子を窺うかのようにゆっくりと姿を現した。背景の山は音威富士（439メートル）。斜面にはスキー場が造成され真っ白なゲレンデが広がっている。駅からは徒歩で15分程の距離だ。
◎宗谷本線　音威子府　1974（昭和49）年1月3日

天塩中川で貨物列車と交換した旅客列車がやって来た。先頭には大きな径のスポーク動輪を備えるC55形が立つ。軽快なブラストを響かせ、直線区間を加速して行った。夏の道北は緑の季節。構内を出ると沿線はすぐに熊笹や灌木が茂る原野の風情となった。
◎宗谷本線　天塩中川〜佐久　1974（昭和49）年8月7日

上川地方の最北部にある中川町は天塩川流域の主要な町の一つで、鉄道玄関口として天塩中川駅が置かれている。貨物列車は宗谷本線を1日かけて走るような緩い傾斜のダイヤグラム。主要駅に辿り着いた列車は数十分間停車する。側線には貨車が留め置かれ、貨物扱いや入替作業等が行われていた。
◎宗谷本線　天塩中川　1974（昭和49）年8月7日

原野をひた走る322列車は小樽行き。途中乗降場等の小駅を通過する快速のような列車だった。稚内を午前8時前に発車し、旭川着は15時30分過ぎ。約1時間停車した後に函館本線へ向けて発車。小樽には20時30分過ぎに到着した。ほぼ丸1日をかけての汽車旅であった。
◎宗谷本線　勇知～兜沼　1968（昭和43）年8月2日

長い煙突が細身のボイラーをよりスマートに見せる蒸気機関車はC55形。16号機は新製後に名古屋機関庫へ配置され、第二次世界大戦中に北海道へ渡り小樽築港機関区の所属となった。終戦後に旭川機関区へ転属。1958（昭和33）年に制作された記録映画「雪と戦う機関車」に登場した。
◎宗谷本線　勇知〜兜沼　1968（昭和43）年8月2日

本線を名乗る宗谷の鉄路だが、稚内近くの末端区間で日中に見ることができた貨物列車は1往復だった。交換施設を備えていた勇知駅を9600形が黒煙を噴き上げながら発車した。二軸の車掌車、有蓋車の後ろには無蓋車がたくさん連結されていた。
◎宗谷本線　勇知　1968（昭和43）年8月2日

風を受けて熊笹がそよぐ丘陵地に9600形が貨車を牽引して、ゆっくりとした足取りでやって来た。大正期に製造された貨物用機関車は牽引定数こそD51等の後継機に及ばなかったものの多少無理の利く中庸な性能が重宝され、宗谷本線をはじめとした道北の各路線で蒸気機関車の現役末期まで使用された。◎宗谷本線　南稚内〜抜海　1974(昭和49)年8月7日

盛夏の候。下り貨物列車で編成の主体は冷蔵車だった。その多く
は終点の稚内から魚介類を積み込むための空車だろう。それで
も9600形は軟勾配に煙を燻らせて行った。稚内は道内有数の
漁師町。宗谷湾内に9つある漁港から海の幸が水揚げされる。
◎宗谷本線　抜海〜南稚内　1974（昭和49）年8月7日

短い夏を謳歌するかのように茂った草木に線路は埋もれそ
う。遠くでジョイント音がこだました。しばらく間があってか
ら、立ち並ぶ通信線の木柱だけが鉄道の在りかを示している
森影から単行の気動車が現れた。
◎宗谷本線　抜海〜南稚内　1974（昭和49）年8月7日

最果ての路線としてはやや長めの貨物列車を牽引して9600形がやって来た。正面の警戒塗装が剥げてややくたびれた雰囲気の19661号機。1965（昭和40）年に遠軽機関区から稚内機関区へ転属し、宗谷本線、天北線等で貨物列車の牽引に当たった。
◎宗谷本線　抜海～南稚内　1974（昭和49）年8月7日

日本海を望む丘の上に立って列車を待っていると抜海方面からキ
ハ22の気動車列車がやって来た。本州の気動車よりも小さく見え
る客室窓は二重構造の寒冷地仕様。朱色とクリーム色の二色塗装
が真綿色の原野と紫紺の海が織り成す最果ての風景に良く映えた。
◎宗谷本線　抜海〜南稚内　1974（昭和49）年1月4日

北辺の木々が見せる生命力には目を見張るものがある。雪原の中
から灌木が僅かな陽光を求めて枝を覗かせていた。丘陵地の中で
急曲線を描く線路が横切る。蒸気機関車の牽引する客車列車は僅か
な煙を残して目の前を通り過ぎ、人煙稀な原野の先へ姿を消した。
◎宗谷本線　南稚内〜抜海　1974（昭和49）年1月4日

夜を徹して最果ての地稚内を目指す321列車。昭和30年代に
札幌〜稚内間の準急として誕生し、1966（昭和41）年に急行
へ昇格した。急行列車は蒸気機関車時代の宗谷路における最
優等列車。厳しい天候の下でも定時運行は譲れない。牽引機は
凍てた体を鼓舞するかのように煙を勢いよく噴き上げた。
◎宗谷本線　南稚内　1974（昭和49）年1月3日

辺りが寝静まった未明。稚内を目指す下り321列車がブレーキを軋
ませながら南稚内駅の1番乗り場に停車した。当時の主要駅では大
規模な貨物扱いを行っている所が多かった。当駅でも構内に多くの
留置線、側線があり昼夜を問わず貨車が留め置かれていた。
◎宗谷本線　南稚内　1974（昭和49）年1月3日

戦前には樺太・大泊港との稚泊航路の鉄道連絡船も運航
されていた稚内駅。1928（昭和3）年12月、宗谷本線の
稚内港駅として開業し、1939（昭和14）年2月に稚内駅
と改称した。初代の稚内駅は、南稚内駅となっている。
◎1974（昭和49）年9月18日　撮影：荻原二郎

留萌本線、羽幌線、深名線の時刻表 (昭和43年10月改正)

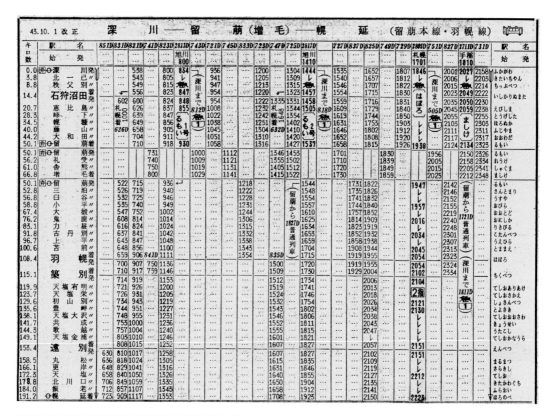

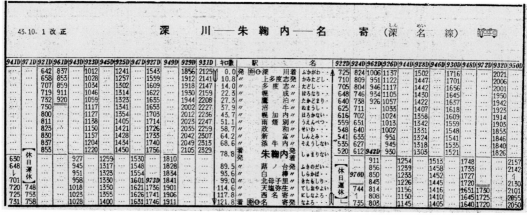

第2章

名寄本線、留萌本線、羽幌線

◎深名線　名寄駅　1974(昭和49)年1月3日

小さな径の動輪が刻む回転音がせわしなく山間に響くものの列車の
速度は牛歩のごとく遅い。天北峠は当路線随一の難所。最大25‰の急
勾配と半径300mの急曲線が連続し、天塩川流域の山中からオホーツ
ク海側へ抜ける列車に対して関所のごとく立ちはだかっていた。
◎名寄本線　一ノ橋〜上興部　1974（昭和49）年8月7日

車掌車と緩急車のみの「貨物列車」は模型鉄道のよう。3両編成の最後尾を飾る貨車はワムフ100形。一見客車のように見えるが急行小口貨物列車用として製造された荷重15t積みの有蓋緩急車である。車内の一部が車掌室で洗面所と便所を備える。
◎名寄本線　一ノ橋〜上興部　1974（昭和49）年12月31日

交換の気動車列車を待つキハ22の2両編成。雪中行軍の
中で巻き上げた雪が車両の後部を一面白く染めていた。
降りやまない雪はもうすぐ列車が到着するはずの線路へ
降り積もり、レールの存在を静かに消し去ろうとしてい
た。雪に閉ざされた情景が列車紫煙の不安を募らせた。
◎名寄本線　上興部　1974（昭和49）年12月31日

天北峠の麓駅は吹雪の中で雪に埋もれた状態だった。1機関1軸駆
動と非力な足回りのキハ07は満身創痍の状態で駅に辿り着いた模
様である。200番台車は昭和30年代に変速機を機械式から液体式
に交換し、他形式との総括制御運転ができるようになった車両だ。
◎名寄本線　上興部　1964（昭和39）年1月3日

本線の名を冠してはいるものの列車の運転本数は少なく閑散路
線であった名寄本線。全区間を通して運転する列車は2往復の急
行を含めて1日に8往復だった。旅客列車は1957（昭和32）年に
キハ12が投入されて以降、気動車化が推進された。沙留駅に入っ
て来たキハ22の2両編成は赤とクリーム色の2色塗装だった。
◎名寄本線　沙留　1974（昭和49）年12月31日

オホーツク海沿岸屈指の港町である紋別。鉄道玄関口であった紋別駅は急行列車が停車する地域の拠点だった。大柄な木造駅舎を取り囲む上屋には装飾が施され、昭和30年代より流氷見物等の観光客誘致にも力が注がれていた様子を窺わせている。
◎名寄本線　紋別　1964(昭和39)年9月4日　撮影：荻原二郎

名寄本線内の中間駅で最も大規模な構内を備えていた紋別。名寄本線の他、二駅先の渚滑を起点とする渚滑線の列車も乗り入れていた。雪がちらつくホームでは上下の普通列車が交換中。3番線には長時間停車している貨車の姿がある。雪に閉ざされた駅がにわかに賑わうひと時だ。
◎名寄本線　紋別　1974（昭和49）年12月31日

9600形は1913（大正2）年から10年以上に亘って770両が製造された。製造年等により車両の形態は異なる。外観上では運転台や炭水車の形状。エアタンクの取り付け位置等が一目でわかるところだ。加えて使用地域により独自の改造を受けた車両も多く、その種類は多岐に亘った。
◎名寄本線　元紋別〜紋別　1974（昭和49）年12月31日

元紋別駅は紋別市内の東部に位置する。駅の周辺で藻鼈川が流れ
る周辺には笹原が広がり、市街地とは思えない原野の風情を残し
ていた。どんよりとした雪雲が垂れ込む中、灌木が茂る向うを短い
貨物列車が進む様子は荒涼とした雰囲気を醸し出していた。
◎名寄本線　紋別〜元紋別　1974（昭和49）年12月31日

元紋別駅の待避線に停車する9600形牽引の貨物列車。待避線から電柱を隔てた外側には貨物側線があり、二軸貨車が留め置かれていた。当駅で貨物扱いを行っていた時代の取扱量は多く、駅付近のパルプ工場へ専用線が延びていた。
◎名寄本線　元紋別　1974（昭和49）年12月31日

レールバスキハ03と元機械式気動車のキハ07が手を繋いだ凸凹編成。総括制御で運転されているものと思われるので、キハ07は変速機を液体式に換装した200番台車だろうか。キハ03は製造から8年余りを経た姿だが、車体等の痛みが激しいように見える。
◎名寄本線　小向　1964（昭和39）年9月4日　撮影：荻原二郎

キハ22を先頭にした3両編成で普通列車の運用に就くキハ07。最後尾の20号車は第二次世界大戦前にガソリン機関を搭載したキハ42000形として製造された車両である。1957（昭和32）年に実施された車両の形式称号変更に伴いキハ07 0番台車となった。
◎名寄本線　沼ノ上　1964（昭和39）年1月3日

雪の無い季節に入っても雪を片側へ掃き出す仕様のノウプラウを装着していたキハ07。狭窓が並ぶ半円形の車端部は昭和初期の流線型ブームを彷彿とさせる。背景の駅舎には角型の大柄な煙突が見え、あたかもアメリカの地方路線を想わせるような眺めとなっていた。
◎名寄本線　湧別　1961（昭和36）年5月29日　撮影：荻原二郎

立派な二階建ての木造駅舎を備えていた興部駅。急行「天都」「紋別」が停車する名寄本線の主要駅のひとつで、興部町の玄関口だった。1989（平成元）年に名寄本線は廃線となり、廃止された興部駅の跡地は、道の駅おこっぺに変わった。
◎1975（昭和50）年9月19日　撮影：荻原二郎

宗谷本線と渚滑線の分岐点だった渚滑駅は、1921（大正10）年3月、名寄東線の駅として開業。1923（大正12）年11月、渚滑線が開通して接続駅となった。その後、渚滑線、宗谷本線が次々と廃線となり、1989（平成元）年5月、この駅も廃止された。
◎昭和50年代　撮影：山田虎雄

名寄本線の主要駅であり、札幌駅から直通でやってくる急行「紋別」の発着駅でもあった紋別駅。1921（大正10）年3月、名寄東線の駅として開業。オホーツク海の流氷でも知られる紋別市の玄関口であったが、1989（平成元）年5月に廃止された。
◎昭和50年代　撮影：山田虎雄

名寄本線支線の終着駅だった湧別駅。オホーツク海に近い最果ての駅らしい風情が、駅舎の周囲にも漂っている。1989（平成元）年5月に廃止されて、駅舎の跡地は遠軽地区広域組合消防署湧別出張所として利用され、駅跡地の碑も建てられている。
◎1961（昭和36）年5月29日　撮影：荻原二郎

朱鞠内湖、鷹泊湖と道央内陸部のダムを巡り、石狩川へ注ぐ雨竜川。深川市と隣接する秩父別と沼田町の境界であり、100メートルほどの幅がある川を留萌本線が渡る。水面には頑強そうな上部トラス構造の橋梁が架かり、黒煙と共に驀進して来る貨物列車を出迎えていた。
◎留萌本線　秩父別〜石狩沼田　1972（昭和47）年10月18日　撮影：安田就視

恵比島から留萌方へ向かう区間は急曲線と勾配区間が続く留萌本線随一の難
所である。D51形の従台車を2軸のものに交換した希少機種D61形がススキ
に見送られて山路を行く。4号機は6両が製造されたD61のうち最後まで残っ
た機関車だった。
◎留萌本線　恵比島〜峠下　1972(昭和47)年10月18日　撮影:安田就視

毛細血管のように広がった沢や小川が流れ込む留萌川。藤島駅の界隈では留萌本線と絡みながら留萌市内の海岸部を目指す。周囲はまだ雪に覆われた4月の初め。穏やかな陽光を受けて眩いばかりに輝く雪原の向う側を9600形牽引の貨物列車が滑るかのように横切って行った。
◎留萌本線　藤山〜大和田　1973（昭和48）年4月1日　撮影：安田就視

1967（昭和42）年に改築される前まで、日本海に面した北海道北部の都市、留萌市の玄関口の役割を果たしてきた初代駅舎の姿である。1910（明治43）年11月、留萠駅として開業し、1997（平成9）年4月に留萌駅と改称している。
◎1965（昭和40）年5月2日　撮影：荻原二郎

アメリカ西部開拓時代を想わせるいで立ちの駅舎。その前に停車する
のは旧国鉄型気動車の標準的な姿をしたキハ22とキハ03である。留
萌本線末端区間の運用に就いたレールバスを留萌で併結して深川へ戻
る仕業だろうか。羽幌線でも同様な編成の列車を見ることができた。
◎留萌本線　留萌　1965（昭和40）年5月2日　撮影：荻原二郎

天候に恵まれた一日。日中最後の沿線撮影を飾って日差しが
残る線路上に貨物列車がやって来た。沿線は緑の山野で囲ま
れているものの平坦区間故に機関車が吐き出す煙は僅かだ。
ドレインは後方へ流れ、D61形は快調に走り去った。
◎羽幌線　大椴～花岡(仮)　1968(昭和43)年8月2日

羽幌線の終着駅、幌延に停車する単行の834D普通列車。幌延
を11時57分に発車して終点留萌には15時35分に到着した。
◎羽幌線　幌延　1968（昭和43）年8月2日

小さな駅舎の横にアジサイの花が咲く、羽幌線の力昼駅。1931（昭和6）年8月、留萌線の駅として開業し、翌年（1932年）10月に羽幌線の所属となった。日本海に面した苫前町力昼には、現在も小さな漁港が存在している。
◎1975（昭和50）年9月17日　撮影：荻原二郎

この苫前駅が置かれていた羽幌線は、1931（昭和6）年10月に留萌本線から分離されて誕生した。翌年（1932年）9月には羽幌駅まで延伸し、この苫前駅が開業している。白い字で書かれた駅名看板がユニークであった。
◎1975（昭和50）年9月17日　撮影：荻原二郎

雪に覆われている小さな駅舎が見える天塩有明駅は、日本海に沿って北上する羽幌線に置かれていた。もともとは島式ホーム1面2面の構造だったが、1987（昭和62）年3月の廃止時点では1線だけが使用されていた。
◎1977（昭和52）年3月14日　撮影：荻原二郎

1987（昭和62）年3月に廃止された羽幌線の初山別（しょさんべつ）駅。1957（昭和32）年11月に開業しており、30年余りの営業だった。駅のあった苫前郡初山別村は日本最北の天文台、しょさんべつ天文台があることで知られる。
◎1975（昭和50）年9月17日　撮影：荻原二郎

入道雲が山手から湧き出した暑い日。後方を隠すかのように黒煙をたなびかせて貨物列車が入線してきた。牽引機はD51 62号機。蒸気溜めや砂箱を被うドームと煙突が一体となった初期型のデゴイチだ。長野工場式の切取り除煙板がかつて信州地方で活躍した履歴を物語る。
◎羽幌線　力昼　1968（昭和43）年8月2日

ホームに停車した貨物列車の最後尾には郵便車が連結されていた。先頭に立つ機関車はD61形。規格の低い路線へ入線できるように二軸の従台車を履いたD51形からの改造機である。全6両の希少車両で羽幌線、留萌本線で使用された。
◎羽幌線　築別　1968(昭和43)年8月2日

旭川から函館本線、留萌本線経由で留萌に到着した準急「るもい1号」は連続運用で普通列車となって羽幌線へ入り、キロ程140km余りとなる全区間を走破していた。末端区間となる遠別〜幌延間ではレールバスキハ03を連結していた。
◎羽幌線　天塩　1964（昭和39）年1月3日

天北線、湧網線、興浜北線、興浜南線、美幸線の時刻表

（昭和43年10月改正）

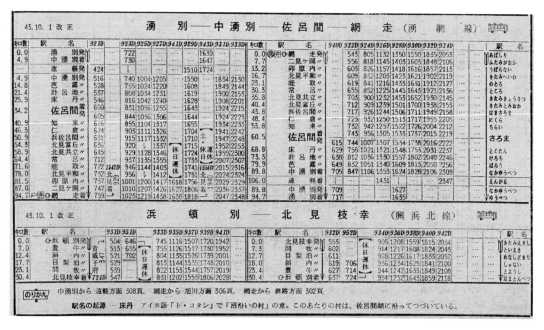

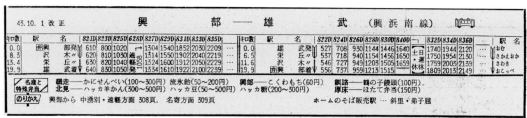

のりかえ　中湧別から 遠軽方面 308頁。　網走から 旭川方面 306頁。　網走から 釧路方面 302頁

駅名の起源 … 床丹　アイヌ語「ト・コタン」で「沼沿いの村」の意。このあたりの村は、佐呂間湖に沿ってつづいている。

名産と特殊弁当　網走――かにせんべい（100〜300円）　流水飴（50〜200円）　　興部――こくわもち（60円）　　釧路――鶴の子饅頭（100円）
北見――ハッカ羊かん（300〜500円）ハッカ豆（50〜500円）ハッカ糖（200〜300円）　　厚床――ほたて弁当（150円）

のりかえ　興部から 中湧別・遠軽方面 308頁。 名寄方面 309頁　　　　　　ホームのそば販売駅 … 斜里・弟子屈

第3章

深名線、天北線、興浜北線、興浜南線、湧網線、美幸線

◎天北線　音威子府駅　1974(昭和49)年1月4日

昭和50年代の末期まではホーム2面を有し、列車交換ができる構内
配線だった鷹泊駅。ホームに停車するのは小型気動車のキハ05。窓
は曇り立席客が出るほど、車内はたくさんの乗客で賑わっている。極
寒地ながら駅の周辺には水田が広がり、稲作が盛んな様子である。
◎深名線　鷹泊　1961（昭和36）年5月29日　撮影：荻原二郎

北海道に投入された機械式気動車は昭和30年代の終わりまで、主に閑散線区で個性的な姿を目にすることができた。そぼ降る雨の朱鞠内駅にキハ05とキハ07が並んだ。運転席窓に取り付けられたデフロスターや車端部を被うスノープラウは厳しい冬を乗り切るための極寒地装備。前照灯も視界を確保するため車端下部に二灯増設されている。◎深名線　朱鞠内　1961（昭和36）年5月29日　撮影：荻原二郎

機関車に荷物合造車1両を連結した列車はまるで個人向けの特別
列車みたい。だるまストーブが赤々と燃える車内の暖かさは、厳冬の
地を旅する者にとっては格別だろうか。客車の屋根に積もった雪は
薄っすらと溶け、沿線の傍観者を車内へ誘っているかのようだった。
◎深名線　朱鞠内～湖畔　1971（昭和46）年1月2日

蒸気機関車の末期には冬季限定で運転された混合列車で運用されていたスハニ62の車内。昭和20年代から30年代にかけて木造客車を改造して製造された鋼製客車だった。ボックスシートの背もたれは木製。座席の一画には、だるまストーブが設置されていた。
◎深名線　朱鞠内　1971（昭和46）年1月2日

昼過ぎに到着した列車が名寄へ折り返すのは約1時間30分後。行く手を雪に阻まれ、遅延を余儀なくされることもあった。そのような折に転向作業は休憩時間を割いてテキパキと行われる。足回りに付着した雪をものともせず、ソロソロと動く老機関車が頼もしい。◎深名線　朱鞠内　1971(昭和46)年1月2日

乗務員、駅職員が機関車の転向作業を行う。3者が1点を見つめて転車台の停止位置を確認。その間にも降り続く雪に対応する笹箒やスコップ等の除雪道具は必携だ。かじかむ手をものともせず作業は続く。鉄道運行の厳しさが伝わって来る情景だ。
◎深名線　朱鞠内　1971（昭和46）年1月2日

朱鞠内駅は深川方、名寄方の両方からやって来る列車の終点。深名線を全区間通して乗車する場合には当駅で乗り換える。それ故、静かな山間部の駅であるにも関わらず、2本の列車が顔を合わせる機会もままあった。人の背丈ほど雪が積もったホームで、車掌が視界の悪い前方を確認していた。
◎深名線　朱鞠内　1971（昭和46）年1月2日

後ろを巻き上げた雪で真っ白にしながら単行の気動車が終
点に辿り着いた。ライト類や小判型の銘板等は、まるで揚げる
前のコロッケのようだ。寒さは人を無口にさせるもの。列車
から降りたお客は駅舎の方へ向かってスタスタとホームを歩
いて行った。◎深名線　朱鞠内　1971 (昭和46) 年1月2日

主に深名線の列車が発着していた名寄駅の0番乗り
場。上屋が被さるホームから一歩出ると、線路の周辺
や建物の屋根に雪が高く積もり、機関車はまるで雪洞
の中にうずくまっているかのような状態だった。
◎深名線　名寄　1974（昭和49）年1月3日

名寄駅構内で待機する深名線へ向かう列車。9600形が荷物合造車1両を牽引する。客車の屋根には雪が積もっていた。荷物室の窓は凍結して車内の様子を窺うことはできない。また機関車の周りには漏れ出した蒸気がまとわりつき、発車前から既に満身創痍の姿を晒していた。
◎深名線　名寄　1974（昭和49）年1月3日

雪に閉ざされた駅のホームは暗い。客車から長く垂れ下がった氷柱は車両から精気を奪い閉塞感を助長していた。窓には空の荷車が並んでいる様子が映り込み人気のない深名線の乗り場の様子を伝える。昨日まで降り続いていた雪は上屋下のホームにまで吹き込み足が埋まるほど積もっていた。
◎深名線　名寄　1974(昭和49)年1月3日

オホーツク海に面して、背後にクッチャロ湖を控えた浜頓別町の玄関口である浜頓別駅。1918（大正7）年8月、宗谷本線（後に天北線）の延伸に伴って開業し、当時は終着駅だった。その後、興浜北線も開通したが、1989（平成元）年5月に廃止された。
◎1975（昭和50）年9月19日　撮影：荻原二郎

宗谷郡猿払村にあった天北線の鬼志別駅。跡地に建てられた鬼志別バスターミナルには、廃止された同線の鉄道資料などが展示されている。この鬼志別駅は1920（大正9）年11月に開業。天北線の廃線に伴い、1989（平成元）年5月に廃止された。
◎1975（昭和50）年9月19日　撮影：荻原二郎

目梨泊駅は1936（昭和11）年7月、興浜北線の浜頓別～北見枝幸間の開通時に開業した、単式ホーム1面1線の小さな駅。太平洋戦争中に休止されて、戦後の1945（昭和20）年12月に営業を再開したが、1985（昭和60）年に廃止された。
◎1964（昭和39）年9月4日　撮影：荻原二郎

天北線の浜頓別駅からオホーツク海に沿って南下する、興浜北線の終端駅だった北見枝幸駅。興浜南線の終端駅だった雄武駅との区間は、結ばれる計画があったものの、とうとう実現することなく、1985（昭和60）年7月に廃止された。
◎1964（昭和39）年9月4日　撮影：荻原二郎

敏音知岳(703.1メートル)の山麓には原生林と原野が広がる。大自然の中に拓かれた牧草地で、乳牛が草を食んでいた。遠くで汽笛が響き、隣接する線路に貨物列車がやって来た。列車にカメラを向けると牛達はにわかに顔を上げて緊張した面持ちでこちらを凝視した。
◎天北線　上頓別〜敏音知　1972(昭和47)年8月6日　撮影：安田就視

興浜北線が健在であった頃には2面3線の構内配線を備えていた浜頓別駅。島式ホームと隣接する2、3番線に停車する車両は天北線の上下列車だ。浜頓別はオホーツク海沿岸の小さな港町だが、ホームに見える人影や貨車が貨物側線に留め置かれている様子が鉄道の活気を感じさせる。
◎天北線　浜頓別　1974(昭和49)年1月4日　撮影：安田就視

列車の交換施設を備えていた頃の猿払駅に貨物列車がやって来た。駅長がホームへ出て通票の授受作業を行う。線路へ下りた女性は荷物を受け取りに来たのだろうか。当駅では1982（昭和57）年まで貨物の取り扱い。1984年まで荷物の取り扱い業務を行っていた。
◎天北線　猿払　1974（昭和49）年2月4日　撮影：安田就視

夏の終わりとはいえ、周囲を低い雲に被われた終点駅には寒々とした
寂しさが漂っていた。運転頻度の低い閑散路線ではあるものの、北見枝
幸駅の先には興浜南線の雄武と結ぶべく建設された鉄路の路盤が延
びていた。未成に終わったオホーツク縦貫路線の一部である。
◎興浜北線　北見枝幸　1964（昭和39）年9月4日　撮影：荻原二郎

オホーツク海沿岸を行く興浜北線には蒸気機関車が現役であった頃より定
期のラッセル車が設定されていた。神威岬の縁をなぞる路には勾配区間が
続く。当線随一の名勝地斜内参道が雪に埋もれる中、9600形に後押しさ
れたキ100はゆっくりとした足取りで雪を掻き分けて行った。
◎興浜北線　目梨泊〜斜内　1974（昭和49）年2月4日　撮影：安田就視

駅前食堂や日本通運支店などが見える興浜南線の終着駅、雄武駅の駅前。1935（昭和10）年9月に開業し、1985（昭和60）年7月に廃止された。跡地は地域交流センターが建てられ、バスターミナル、道の駅おうむが開設されている。
◎1964（昭和39）年9月4日　撮影：荻原二郎

北海道の廃駅では、旧駅舎が記念館として保存されているものも多く、この北見滝ノ上駅もそのひとつである。1985（昭和60）年4月、渚滑線の廃線に伴って駅も廃止されたが、滝上町により旧駅舎は北見滝ノ上駅舎記念館として整備されている。
◎1964（昭和39）年9月4日　撮影：荻原二郎

改札口方面に向かう人々が見える湧網線、芭露駅のホーム、駅舎である。1987（昭和62）年3月に廃止された芭露駅はしばらくの間、駅舎、ホームが保存されていたが、2006（平成18）年に駅舎は解体され、跡地には介護福祉施設が建てられた。
◎1961（昭和36）年5月29日　撮影：荻原二郎

佐呂間駅は1936（昭和11）年10月、湧網西線の中佐呂間駅として開業し、1953（昭和28）年10月に湧網線の佐呂間駅に改称した。1987（昭和62）年3月に廃止され、旧湧別駅の構内は佐呂間町交通公園として整備され、鉄道記念館が開設された。
◎1961（昭和36）年5月29日　撮影：荻原二郎

昭和30年代の半ばから製造を開始し、キハ40が登場するまで長きに亘って北海道の旧国鉄路線で旅客列車の主力となったキハ22。二重窓を備えた側面の表情や両端部に備えたスノープラウは極寒の地を走り抜くための仕様だ。昭和40年代の終わり頃からは前照灯をシールドビーム二灯に換装した車両が増えた。
◎興浜南線　興部　1975（昭和50）年9月19日　撮影：荻原二郎

興浜南線は名寄本線の興部から分岐していたキロ程19.9kmの短路線。終点
駅の雄武はオホーツク沿岸の静かな街中にあった。昭和30年代当時より列
車の運転本数は多くなかったものの全区間で貨物営業が行われていた。構
内には数本の側線があり、2軸貨車が留め置かれている様子を窺える。
◎興浜南線　雄武　1964（昭和39）年9月4日　撮影：荻原二郎

昭和30年代の半ばから製造を開始し、キハ40が登場するまで長きに亘って北海道の旧国鉄路線で旅客列車の主力となったキハ22。二重窓を備えた側面の表情や両端部に備えたスノープラウは極寒の地を走り抜くための仕様だ。昭和40年代の終わり頃からは前照灯をシールドビーム2灯に換装した車両が増えた。
◎興浜南線　雄武　1975（昭和50）年9月19日　撮影：荻原二郎

急な雨を避けようとして駅舎の中に駆け込む人が見える添牛内駅。1931（昭和6）年9月、当時の雨龍線（後の深名線）の終着駅として開業し、その後に中間駅と変わった。1995（平成7）年9月、深名線の廃線に伴って、この駅も廃止された。
◎1961（昭和36）年5月29日　撮影：荻原二郎

深名線の朱鞠内駅は1964（昭和39）年5月の朱鞠内大火により、この駅舎が焼失し、同年8月に新駅舎が建てられた。1995（平成7）年9月、深名線の廃線によって駅は廃止され、跡地は朱鞠内コミュニティー公園、バス待合所に変わった。
◎1961（昭和36）年5月29日　撮影：荻原二郎

美幸線は1964（昭和39）年10月に美深〜仁宇布間が全通し、終着駅の仁宇布駅が開業した。1985（昭和60）年9月、わずか20年余りで美幸線は廃止。仁宇布駅は現在、美深町の観光施設、トロッコ王国美深のために使われている。
◎1974（昭和49）年9月19日　撮影：荻原二郎

美深町の玄関口である美深駅は、宗谷本線の主要駅のひとつで、かつては美幸線との接続駅だった。1911（明治44）年11月に開業し、既に1世紀以上の歴史がある。写真は1987（昭和62）年に現駅舎（美深町交通ターミナル）に変わる前の木造駅舎である。
◎1981（昭和56）年6月24日　撮影：安田就視

短い北辺の夏。野草も畑作物も一斉に花を開き、閑散路線の周囲は華やいだ色彩に包まれる。寒冷な地域でも生育するジャガイモは北海道内で盛んに栽培される農作物の一つだ。白い花が爽やかな微風に揺れる中、旧国鉄普通気動車色のキハ22が単行で軽やかに駆けて行った。
◎美幸線　東美幸〜辺渓　1980（昭和55）年7月15日　撮影：安田就視

1964（昭和39）年に美深
〜仁宇布間が開業した美幸
線。計画では仁宇布から興
浜北線の北見枝幸まで延伸
する予定であった。路線名の
「美」は美深。「幸」は北見枝
幸を指す。路線の開業後も仁
宇布以遠の建設工事は継続
されたが1979（昭和54）年
に凍結され、開業には至ら
なかった。
◎美幸線　仁宇布
1974（昭和49）9月19日
撮影：荻原二郎

閑散とした風情の美深駅を発車した宗谷本線稚内行きの旅客列車。9月とはいえ曇天の下で気温が低いのか、機関車から噴き出された煙もドレインも真っ白だ。列車の牽引はC55から運用を引き継いだC57が担っていた。宗谷本線で活躍した蒸気機関車にいよいよ終焉が迫っていた。
◎美幸線、宗谷本線　美深　1974（昭和49）年9月19日　撮影：荻原二郎

名寄本線の中湧別からは網走に向かう湧網線が分岐していた。ベンチが置かれただけの簡素なホームに湧網線へ入るキハ07とキハ03で組成された列車が停まっていた。昭和20年代後半より、暖地の近郊区間や地方路線で使用されてきたキハ07が客車列車の置き替え用として多くが北海道へ活躍の場を移した。
◎湧網線　中湧別　1964（昭和39）年9月4日　撮影：荻原二郎

佐呂間で対向した車両は機械式気動車
のキハ04だった。サロマ湖周辺地域の
中心地にあった当駅では大勢の利用客
が列車からホームへ降りて来た。拠点で
あった大きな黒鞄を襷掛けにして、腕に
腕章を巻いた車掌の姿が遠い日を思い
起こさせた。
◎湧網線　佐呂間　1961（昭和36）年
5月29日　撮影：荻原二郎

写真：高木堯男（たかぎ たかお）

1937（昭和12）年東京生まれ。慶應義塾大学工学部卒業後、東京芝浦電機株式会社（現・株式会社東芝）に入社。入社後4年ほど、府中工場にて電気機関車等鉄道車両の試験検査に従事、その後は「縦の交通機関」である昇降機部門に移り、東芝および昇降機関係の財団法人等で昇降機の技術業務を歴任。「乗り鉄」「撮り鉄」が趣味で、機関車が牽く列車を中心に全国各地で撮影。友人・知人の鉄道写真集、鉄道博物館等への写真提供も行っている。

解説：牧野和人（まきの かずと）

1962（昭和37）年、三重県生まれ。写真家。京都工芸繊維大学卒。幼少期より鉄道の撮影に親しむ。平成13年より生業として写真撮影、執筆業に取り組み、撮影会講師等を務める。企業広告、カレンダー、時刻表、旅行誌、趣味誌等に作品を多数発表。月刊「鉄道ファン」誌では、鉄道写真の可能性を追求した「鉄道美」を連載する。臨場感溢れる絵づくりをもっとうに四季の移ろいを求めて全国各地へ出向いている。

【写真提供】
荻原二郎、安田就視、山田虎雄

【駅舎解説】
生田 誠

昭和40年代 北海道の鉄路
中巻 宗谷本線・名寄本線・留萌本線と沿線

発行日 …………………2020年5月7日 第1刷 ※定価はカバーに表示してあります。

著者……………………高木堯男(写真)、牧野和人(解説)
発行人…………………高山和彦
発行所…………………株式会社フォト・パブリッシング
　　　　　　　　　　　〒161-0032 東京都新宿区中落合2-12-26
　　　　　　　　　　　TEL.03-5988-8951 FAX.03-5988-8958
発売元…………………株式会社メディアパル
　　　　　　　　　　　〒162-8710 東京都新宿区東五軒町6-24
　　　　　　　　　　　TEL.03-5261-1171 FAX.03-3235-4645
デザイン・DTP ………柏倉栄治(装丁・本文とも)
印刷所…………………新星社西川印刷株式会社

ISBN978-4-8021-3168-1 C0026